AF500823

MAUSOLÉE

DU

CARDINAL DE FLEURY

DEUX MAQUETTES D'EDME BOUCHARDON

PAR

A. ROSEROT

ARCHIVISTE DE LA HAUTE-MARNE
CORRESPONDANT DU COMITÉ DES TRAVAUX HISTORIQUES
ET DU COMITÉ DES SOCIÉTÉS DES BEAUX-ARTS DES DÉPARTEMENTS
A CHAUMONT

PARIS
TYPOGRAPHIE DE E. PLON, NOURRIT ET Cie
RUE GARANCIÈRE, 8

1893

MAUSOLÉE

DU

CARDINAL DE FLEURY

DEUX MAQUETTES D'EDME BOUCHARDON

PAR

A. ROSEROT

ARCHIVISTE DE LA HAUTE-MARNE
CORRESPONDANT DU COMITÉ DES TRAVAUX HISTORIQUES
ET DU COMITÉ DES SOCIÉTÉS DES BEAUX-ARTS DES DÉPARTEMENTS
A CHAUMONT

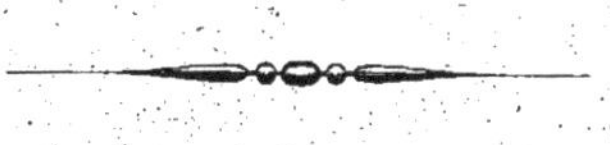

PARIS
TYPOGRAPHIE DE E. PLON, NOURRIT ET Cie
RUE GARANCIÈRE, 8

1893

Ce mémoire a été lu à la réunion des Sociétés des Beaux-Arts des départements, tenue dans l'hémicycle de l'École des Beaux-Arts, à Paris, le 5 *avril* 1893.

MAUSOLÉE

DU

CARDINAL DE FLEURY

DEUX MAQUETTES D'EDME BOUCHARDON

Edme Bouchardon, sculpteur du Roi, avait été chargé par la Ville de Paris, en 1739, d'exécuter la Fontaine de la rue de Grenelle; cette œuvre importante ne fut terminée qu'en 1745. Le cardinal de Fleury, ministre d'État, qui suivait avec un vif intérêt l'exécution des travaux [1], ne devait pas en voir l'achèvement; il mourait le 29 janvier 1743.

Le cardinal, longtemps investi de la confiance du Roi, d'abord son précepteur puis son premier ministre, avait gouverné sans grandeur, mais avec un absolu désintéressement, et ne laissait en mourant qu'une très modeste fortune. Le Roi décida de lui faire élever un mausolée dans l'église de Saint-Louis du Louvre [2], et chargea le contrôleur général des finances, Orry de Fulvy, qui était en même temps surintendant des bâtiments, de faire présenter des projets par divers artistes. Bouchardon en fut avisé par la lettre suivante, émanée de Gabriel, contrôleur général des bâtiments :

« A Versailles, le 9 février 1743.

« Le Roy a ordonné à Monseigneur le Controleur general de

[1] On lui attribue la composition de l'inscription latine gravée sur une plaque de marbre noir, à la partie supérieure du monument, dans l'entre-colonnement.

[2] Cette église n'existe plus. — Louis XV fit célébrer un service le 25 mai, à Notre-Dame. L'oraison funèbre y fut prononcée par le Père jésuite Charles Frey de Neuville (LELONG, *Bibliothèque historique de la France*, t. III, nº 32601); elle a paru en un volume in-4º, illustré par Cochin d'un fleuron et d'une vignette à l'eau-forte. (GONCOURT, *l'Art du dix-huitième siècle*.) Son éloge fut prononcé par M. de Mairan à l'Académie des sciences, et par Fréret à l'Académie des inscriptions et belles-lettres. (LELONG, *ibid.*, t. III, nºs 32610, 32611.) Le cardinal était aussi de l'Académie française.

« faire faire plusieurs models pour le Mausolée [illegible] « dinal de fleury, en l'Eglise de St Louis du Louvre, dans la « grande Arcade renfoncée de la Nef, a gauche en Entrant. Mon« seigneur a fait choix de Vous, Monsieur, pour faire un des « models, et me charge de vous le mander.

« Vous pouvez, en attendant le model en bois de la ditte arcade, « que je fais faire pour vous chez le Sr Marteau, menuisier du « Roy, rüe du chantre, Exercer votre genie en desseins.

« L'Intention du Roy et du Ministre est que vous donniez car« rière à votre Imagination ; le lieu, le sujet et le motif doivent « vous prêter du secours, et je ne doute point que vos talens ne « brillent dans cet ouvrage.

« Monseigneur le Controleur general a fait choix Encore de « Mrs Lemoyne et Adam le Cadet, pour concourir avec vous.

« Je suis tres parfaittement, Monsieur,

« Votre tres humble et tres obéissant serviteur.

« GABRIEL.

Au bas : « Monsieur Bouchardon [1]. »

Orry n'avait sans doute pas indiqué dès l'origine tous les sculpteurs qui seraient appelés à concourir ; la lettre de Gabriel n'en fait connaître que trois : Bouchardon, Lemoyne et Adam le cadet ; il est certain qu'on y ajouta La Datte et Vinache.

Les modèles furent exposés à Versailles vers le milieu de l'année 1743, pour y attendre la décision du Roi.

Pendant ce temps, chacun des concurrents mit en œuvre les influences qu'il avait à la Cour, pour déterminer le souverain en sa faveur. La lettre suivante, adressée à Bouchardon, de Versailles même, par une personne de la Cour, nous met au courant des intrigues qui s'agitaient dans l'entourage de Louis XV. Cette lettre est des plus curieuses, elle met en scène le Roi lui-même.

« A Versailles, ce 3 aoust, à dix heures du soir. »

« Bonne nouvelle, mon cher amy. Depuis ma lettre écritte, le « Roy, en retour de la chasse, a demandé tout haut et en présence

[1] L'original de cette lettre et ceux des principaux documents cités ou rapportés dans le cours du présent travail appartiennent à M. Gustave Laillaut de Wacquant, de Chaumont (Haute-Marne), l'un des descendants de Bouchardon.

« de tout le monde, à Mr Gabriel, pour lequel des tombeaux il « estoit. — « Sire, luy a-t-il répondu, du premier moment que « j'ay veu celuy de Bouchardon, je n'ay point hésité à luy donné « la préférence. Je n'ay point changé de sentiment depuis, et je « n'hésiteray point de dire à V. M. que je ne connois à la tête de « la Sculpture que Coustou[1] et luy ; ce sont les seuls capables « d'une exécution seure et belle. » Pendant cette conversation, qui « a esté plus longue, sur le mesme ton, Mr le Dauphin, qui estoit « allé dans la Gallerie pour voir les models, est venu retrouver le « Roy, qui estoit à sa toilette et luy a demandé son sentiment, et à « Mr le Duc de Chatillon. — « Pour Bouchardon, Sire », ont-ils « répondu tous deux. Mr Gabriel, qui estoit auprès de Mr le « Dauphin, luy a demandé si il avoit veu le dessein ; le Roy, qui s'en « est apperçu, a demandé à Mr Gabriel ce qu'il disoit. — « Je par- « lois du dessein du tombeau de Bouchardon, a-t-il répondu, et je « disois à Mr le dauphin que cette idée, quoyque simple en apa- « rence, estoit susceptible de tout ce qui pouvoit caractériser les « vertus de Son Éminence. » Mr de Gesvres s'est mis de la partie, « et vous avez esté festé tout au mieux par vos amis. Je ne crois « pas que jamais affaire ait esté en meilleur train ; à demain au « soir une autre lettre. Le courrier est tout trouvé et partira dans « l'instant de la décision. Je vous fais compliment d'avance, et « vostre amy, le meilleur de vos amys, vous embrasse. Buvez à « nostre santé avec l'amy Mariette[2] ; faittes luy part de cette lettre « et mes amitiez.

« Tous vos rivaux sont icy, mais ils feroient mieux de s'en aller « demain matin. Mr La Datte voulut me tirer les vers du nez, et je « luy ai répondu en homme de cour, c'est à dire le contraire de « ma pensée. Vous sentez pourquoy.

« Je sçauray demain quel jour on emportera les models.

(Non signée.)

Au dos : « A Monsieur,

« Monsieur Bouchardon, sculpteur Ordre du Roy,
« dans la Cour du Vieux Louvre,
« à Paris. »

[1] Guillaume Coustou, dit le Jeune, maître de Bouchardon, mort en 1746.

[2] Pierre-Jean Mariette (1694-1774), le célèbre amateur d'estampes et de dessins, ami intime de Bouchardon.

Du côté de l'ouverture : « On donnera dix sols au porteur, si la lettre est rendüe avant onze heures. »

I

PREMIER MODÈLE DE BOUCHARDON.
1743.

La balance semblait donc pencher du côté de Bouchardon, mais le Roi n'avait pas dit son dernier mot ; il voulait, sans doute, connaître l'opinion du public au Salon qui devait s'ouvrir deux jours plus tard, le 5 août.

On y vit en effet les cinq modèles composés par Lemoyne, Vinache, La Datte, Bouchardon et Adam le Cadet. Le livret en donne des descriptions détaillées [1] qu'il serait trop long de reproduire ; nous nous bornerons à les résumer.

Ces modèles devaient tous être exécutés principalement en marbre, bien que la description du modèle de Bouchardon soit muette sur la nature des matériaux ; le projet de Vinache se distinguait par l'emploi de marbres de différentes couleurs. Dans tous il entrait du bronze, doré ou non, employé pour les parties accessoires, sauf dans le projet de Lemoyne, qui comportait deux figures principales, de mêmes dimensions, le cardinal, en marbre, et le Temps, en bronze.

A part le modèle de Vinache, qui montrait le cardinal assis sur son tombeau, tous le représentaient en prière.

Un autre caractère commun à ces divers projets, c'était l'emploi de nombreux attributs et figures allégoriques, même dans le modèle de Lemoyne, qui était cependant le plus simple.

Voici la description du projet de Bouchardon. Elle est un peu longue, mais ne perd rien de son intérêt, grâce à la reproduction que nous donnons de la maquette elle-même. Le texte sert à expliquer le symbolisme des moindres parties du monument [2] ; il a été

[1] Livret du Salon de 1743 : Lemoyne, n° 51; Vinache, n° 83; La Datte, n° 101; Bouchardon, n° 102; Adam le Cadet, n° 106.

[2] Planche I. — Cette maquette, en cire rouge, appartient à M. Pesme, beau-frère de M. Laillaut de Wacquant. Elle mesure 0m,476 de la base cintrée au sommet de la tête du cardinal.

EDME BOUCHARDON

MAUSOLÉE DU CARDINAL DE FLEURY (1er PROJET)

(1743)

(Maquette en cire rouge. — Quart d'original.)

imprimé dans le livret du Salon de 1743; nous le donnons ici d'après la minute même de Bouchardon.

Projet de Mausolée pour Mr le cardinal de Fleury.

« Ce Projet, que présente le S. Bouchardon, n'est qu'une légère ébauche de ce qu'il exécuteroit si on lui faisoit l'honneur de l'en charger [1].

« On y voit d'abord, comme l'objet principal, Son Emce à genoux sur un prié-dieu (*sic*), au-dessus de son tombeau [2].

« Derrière lui et sur le même plan est le génie de la France, qui, sous la figure d'un Enfant éploré, tient trois Couronnes que S. E. semble lui avoir remises pour ne plus s'occuper que des grandeurs éternelles. La première de ces Couronnes, qui est de laurier, exprime son Zèle pour la gloire du Roy et de l'Etat; la seconde, qui est de chêne, et que les Anciens nommoient couronne civique, est le Symbole de son Amour pour la Patrie et de son attention à ménager les peuples; la troisième enfin, qui est d'Olivier, attribut ordinaire de la paix, annonce qu'elle (*sic*) étoit le terme heureux où tendoient toutes ses vües.

« Au pied du tombeau sont deux lyons, dont l'un écrase l'hydre vaincuë, tandis que l'autre tient le masque qu'il a arraché à l'Erreur, et le flambeau de la Discorde prêt à s'éteindre.

« Deux Consoles, qui supportent le tombeau, laissent entre elles un champ où l'on a placé l'Emblême de l'Éternité exprimé à l'Antique, par un serpent, qui se mordant la queuë, forme un cercle ou rond parfait, au milieu duquel un sable aislé marque, par opposition, le nombre et la rapidité des jours que nous passons sur la terre.

« Plus bas, et sur une plate forme, formée par une double plinthe, qui décrit un avant corps, sont deux figures de Vertus affligées, qui s'appuyent sur le globe de la terre, où l'on distingue surtout l'Europe, comme la partie du monde où la Réputation de S. E. s'est le plus répanduë, parce qu'elle a esté plus particulièrement l'objet de ses travaux [3].

[1] Cette observation préliminaire ne figure pas dans le livret de 1743.

[2] Voir ci-après.

[3] Le livret du Salon ajoute la note explicative ci-après, qui ne figure pas dans

« Une de ces Vertus, caractérisée par le Gouvernail qu'elle tient à la main, par le Miroir et le Serpent qui sont à ses pieds, marque l'Équité, la Prévoyance et la Sagesse qui accompagnoient son administration; l'autre, qui représente la Religion, est reconnoissable à son Voile et à sa Croix, de même qu'au Rouleau ou Volume antique sur lequel son bras droit est posé, et à la flame ardente qu'elle élève et dirige vers le Ciel.

« On a mis, au haut de la contretable qui sert de fond à ce Mausolée, le Cartouche des Armes de S. Em^ce, ornée (*sic*) d'une simple guirlande de Cyprès, pour répondre, par cette simplicité, à son extrême Modestie dans tout ce qui le regardoit personnellement [1]. »

Ici s'arrêtent le texte du livret et celui de la minute de Bouchardon, mais on trouve l'addition suivante, dans une copie contemporaine qui semble en avoir été la mise au net. Cette addition a son importance, à cause du rapport qu'elle indique entre les proportions du monument lui-même et celles de l'arcade renfoncée dans laquelle il devait être placé :

« L'arcade dans le fond de laquelle est placé le Tombeau a 13 pieds 6 pouces d'ouverture, sur environ 30 pieds 3 pouces de hauteur, et les figures auront dans l'exécution 6 pieds 3 pouces de hauteur. On peut juger des autres parties par l'Echelle qui est au pied du modèle. »

Bouchardon, en même temps qu'il joignait cette description à l'envoi de son modèle, avait eu l'idée d'adresser à Mr Orry un mémoire fantaisiste qui présente un véritable intérêt. Sa forme humoristique atteste l'existence de relations très amicales entre le contrôleur général des finances, surintendant des bâtiments du Roi, et le sculpteur ordinaire de Sa Majesté. On y voit aussi, malgré des exagérations voulues, avec quelle conscience Bouchardon se

la minute : « Le globe de la terre est un symbole particulièrement affecté au gouvernement. Les Modernes, d'accord en cela avec les Anciens, l'ont employé dans toutes les occasions où il a fallu représenter cette Vertu. On en pourroit citer, s'il en étoit besoin, une infinité d'exemples. »

[1] La maquette est dans la niche de bois faite par Marteau, menuisier du Roi, et mesurant 1^m,103 de haut sur 0^m,59 de large; cette niche figure l'arcade renfoncée dans laquelle devait être placé le mausolée. (Voir la lettre de Gabriel, du 9 février 1743, ci-dessus rapportée.) On y voit le cartouche dont parle Bouchardon.

préparait à l'exécution des travaux qu'on avait l'intention de lui commander.

Voici le texte de ce curieux mémoire, d'après l'original même :

« Memoire des frais fait par E. B. sculpteur ordinaire du Roy, pour le Mausolée de Son Em^{ce} M^r le cardinal de fleury, par ordre de Mr Orry, Ministre d'état, Controleur general des finances et surintendant des Batimens, Arts et Manufactures de Sa Majesté.

« P^{mo}. Avoir debourcé huit jours de reflection pour ce preparer à obeir aux ordres precis du Ministre et protecteur des Arts.

« S^{do}. Avoir debourcé treute-cinq ans de Veille et d'estudes, tant en france qu'en italie, pour pouvoir parvenir à satisfaire son bon gout.

« T^{io}. Avoir debourcé trois mois de travail à composer diferentes idées tant en dessin qu'en Model en cire; fait et refait plusieurs fois, et critiqué par l'bauteur (*sic*), dans toute la rigueur de l'art, pour pouvoir estre presenté au jour nommé dans le lieu destiné à subir l'examen des connoisseurs.

« Q^{to}. Avoir debourcé quatre mois de craintes et de souci; n'avoir pas meme dormi tout ce tems la dose ordinaire que la nature demande, dans l'aprehantion que ledit modele ne soit pas agréé, examiné, considéré avec attention et recompensé selon les susdits debourcés de l'hauteur, qui ne surfait point et qui parle en confience.

« Le supliant espère en la justice et en la generosité de celui qui a été l'ordonnateur du dit ouvrage, et il en aura une reconnoissance éternel, en tachant de mériter une autre fois, par son Emulation et par son travail, l'honneur de ces bonnes graces.

« Somme total des debourcés. . . . . . 210,000 liv.

« OBSERVATIONS.

« L'hauteur prend la liberté de vous faire remarquer que la depance de l'execution en marbre du susdit Mausolée coutera beaucoup moins que le debourcé des frais de son Memoire, et, au cas que ledit ouvrage n'aye pas lieu, il se contentera, pour prix et valeur du Modèle qu'il en a fait, d'une année d'areragés des deux cents dix mil livres énoncé si-dessus.

« A Paris, le 24e may 1743. »

Parmi les concurrents de Bouchardon, il y en avait deux, Vinache et La Datte, qui n'étaient pas à redouter; les deux autres, Adam le Cadet et Lemoyne, étaient plus sérieux, Lemoyne surtout. Enfin, Bouchardon l'emporta [1] et Gabriel lui annonça cette bonne nouvelle par la lettre suivante :

« A Fontainebleau, ce 29 septembre 1743.

« M. le Controleur general m'ordonne de vous mander que votre « dernier desseing est agréé, Monsieur, et que vous serez chargé de « faire le tombeau de M. le cardinal de Fleury. Il veut garder encore « vos desseings. Il m'enjoînt de vous recommander de vous bien « tranquiliser de vos inquiétudes.

« Devinez à cette heure si je vous en fais mon compliment de Bon « cœur. Ne faittes part de cette bonne Nouvelle qu'à vos bons amys, « et ne manquez pas d'écrire une lettre de remercimens et de Recon- « noissance à M. le Controleur general; je dis de reconnoissance, « parce je ne puis douter depuis quelques (*sic*) temps du cas qu'il fait « de vous, et combien à juste titre vous devez vous attacher à luy.

« Je vous suis avec toute l'estime, mon cher Monsieur, votre très « humble et très obéissant serviteur.

« GABRIEL [2]. »

Ce choix devait susciter beaucoup d'envieux à Bouchardon; les concurrents évincés, et peut-être aussi d'autres sculpteurs qui n'avaient pas été appelés à concourir, se vengèrent par des épigrammes. M. Jules Cousin a publié dans les *Archives de l'art français* [3] une chanson composée à cette occasion, et dans laquelle on fait payer chèrement à l'heureux élu sa victoire.

En voici quelques couplets. Il s'agit d'un paysan qui est venu voir le Salon.

. . . .

Mais avant de quitter Paris,
Moy curieux je demandis :
« Lequel a donc gagné le prix?

[1] Le projet de Lemoyne avait paru digne d'une récompense; on lui accorda mille livres. (Archives nationales, O[1] 2244, Comptes des bâtiments du Roi pour l'année 1743.)

[2] Bouchardon écrivit à M. Orry dès le lendemain, pour le remercier, suivant le conseil de Gabriel. L'original de sa lettre a figuré, sous le n° 29, dans une collection d'autographes vendue par M. Gabriel Charavay, le 22 novembre 1881

[3] Tome V (1857-1858), p. 62-64.

— C'est, dit-on, certain Bouchardon,
Des.....[1] favori mignon,
Aussy en est-il tout bouffy.

Il étoit certain de gagner,
Cela étoit bien médité
Avant que les tombiaux l'on vît.

Personne n'en est étonné :
Il est flatteur, c'est son méquier,
C'est par là qu'on trouve l'appuy.

Ceux donc qui ont fait les pu biaux,
Ils ont donné l'épée à l'iau ;
Le plus moindre a été choisy. »

Il était difficile d'avoir plus de fiel, mais la critique, par son exagération même, perdait beaucoup de son autorité ; d'ailleurs, tandis qu'elle s'acharnait sur le modèle exposé par Bouchardon, ce sculpteur était déjà en train d'en composer un autre, sur l'ordre que M. Orry lui en avait donné.

II

SECOND MODÈLE DE BOUCHARDON.

1745.

On a peut-être observé que Gabriel, en annonçant à Bouchardon qu'il était choisi pour l'exécution du mausolée, ne lui parlait pas du modèle, mais du « dernier dessein » ; ainsi, le 29 septembre 1743, le contrôleur général des finances avait déjà entre les mains plusieurs dessins qui lui avaient été soumis pour l'exécution d'un nouveau modèle. Ce ministre avait demandé un second projet « dans lequel la figure du cardinal fût moins subordonnée aux figures accessoires[2] ».

Assurément le premier était très décoratif et bien approprié à l'emplacement réservé pour le mausolée, mais les figures du premier plan arrêtaient le regard, qui aurait dû se porter immédiatement et se reposer sur le sujet principal.

Bouchardon, dans son nouveau projet, semble s'être inspiré du

[1] Le mot sous-entendu doit être *put*....
[2] CAYLUS, *Vie d'Edme Bouchardon*, p. 70-71.

tombeau du cardinal de Richelieu[1]. L'idée fut trouvée bonne; le contrôleur général, qui suivait cette affaire avec la plus grande sollicitude, se contenta de demander quelques modifications de détail. Voici une nouvelle lettre de Gabriel, qui témoigne de ces préoccupations.

« A Choissy (*sic*), ce 6 février 1744.

« Je n'ay pù vous rejoindre, Monsieur, ayant retourné chés « M. le Controleur general avec luy. Le Roy veut voir vostre model, « mais M. le Controleur general m'a dit qu'il souhaittoit que vous « fissiez la reforme qu'il vous a demandé. Sa critique est très juste; « rendez seulement votre idée du desseing et vous serés parfait. « L'expression doit estre muette. Le principal sujet est vieux[2], « cassé et mourant; ses derniers efforts, quoyque efforts, ne peu- « vent point estre vigoureux, et le mourant ne doit montrer qu'un « geste de résignation. Enfin, vous saurré ce qu'il a désiré; il faut « le satisfaire. Il vous en parlera sûrement demain, quand vous « irés le remercié, sur les huit heures; promettés et agissés, après « quoy ne perdés point de temps pour faire peindre. Vous voulés « mon avis, je vous le donne en amy, qui sera toujours vostre très « humble et très obéissant serviteur.

« GABRIEL. »

Ce second modèle fut exposé au Salon de 1745; il était en terre cuite, et a fait partie du Cabinet de Mariette (n° 49 du 3e catalogue). A la mort de cet amateur, il fut adjugé pour 97 liv. à M. de Wailly, architecte du Roi. Nous ne savons s'il existe encore, mais il y en a un autre, en cire, moins complet, qui représente les deux figures principales : le cardinal et la Religion. Ce dernier modèle appartient à M. Pesme, comme le premier[3]; la reproduction que nous en donnons (pl. II) permettra de suivre avec intérêt la description suivante empruntée au livret du Salon[4].

[1] OEuvre de Girardon; église de la Sorbonne.

[2] Le cardinal de Fleury est mort à quatre-vingt-neuf ans et demi.

[3] Maquette en cire blanche mesurant 0m,165 de haut depuis le dessus du socle jusqu'au sommet de la tête de la figure allégorique (la Religion).

[4] Livret du Salon de 1745, n° 73.

Modèle du mausolée de S. E. M. le Cardinal de Fleury qui, ayant été approuvé par Sa Majesté, s'exécute en marbre, sous les ordres de M. le Contrôleur Général, pour être placé dans l'église de Saint-Louis du Louvre.

« M. le Cardinal de Fleury, couché entre les bras de la Religion, et soutenu par cette Vertu, qui fut toujours l'objet de ses soins, est représenté expirant[1]. Sa vûe est dirigée vers le Ciel, ses bras étendus; toute son attitude marque une entière résignation à la volonté de Dieu et une confiance sans bornes en sa miséricorde. Un spectacle si touchant, le souvenir d'une longue et paisible administration, excitent les justes regrets du Génie de la France et lui font répandre des larmes, dont il arrose le pied de la colonne funéraire, qui porte l'Urne destinée à renfermer les cendres de Son Eminence. Ce groupe de figures est posé sur un stylobate, ceintré par le plan et élevé de 5 pieds au-dessus du niveau du pavé de l'église, et il occupe tout le fond d'une Arcade qui fait partie de la décoration du lieu où ce mausolée doit être placé. »

On voit, par le titre donné à cette description, que dès le milieu de l'année 1745 Bouchardon travaillait déjà le marbre; il n'en fit que l'ébauche.

Les comptes des Bâtiments du Roi ne parlent que de quatre modèles *en terre*, faits en 1744[2], de plusieurs modèles en plâtre et d'une ébauche en marbre, faits en 1745[3], mais il est certain que Bouchardon fit deux modèles en cire, ceux qui sont toujours restés dans sa famille et dont nous donnons la reproduction. Caylus les a décrits en 1762, et déclaré qu'ils étaient alors en la possession de M. Girard, beau-frère de Bouchardon[4]. Au lieu des quatre modèles en terre dont parlent les comptes des Bâtiments, il faut entendre, comme le dit Bouchardon lui-même, dans une note écrite de sa main : « plusieurs esquisses en terre et deux modèles en cire, avec les corps d'architecture, dont l'un des deux a été choisi et approuvé par Sa Majesté, pour estre exécuté en marbre et en bronze dorés[5]. »

[1] Voir ci-après.

[2] Archives nationales, O[1] 2256, f° 352. — Cf. O[1] 2233, f° 385, et O[1] 2244, f°s 288 v° et 289 v°.

[3] Archives nationales, O[1] 2244, f° 292.

[4] *Vie d'Edme Bouchardon*, p. 66-68.

[5] Archives nationales, O[1] 1925[a]. — On lit aussi, dans un « Etat des ouvrages

Gabriel confirme cette indication, lorsqu'il écrit le 15 avril 1746 : « Il n'y a que le petit modèle *en cire* de fait[1]. »

Bouchardon reçut quatre mille livres pour tous ses travaux[2].

On peut s'étonner que les modèles soient restés en sa possession ; l'explication suivante nous en est donnée par Ch. Nic. Cochin, qui avait été chargé, plusieurs années après, de régler définitivement le compte :

« En qualité de chargé du détail des arts, j'ay eu une petite occasion d'embarras vis-à-vis de M. Bouchardon. Il avoit d'abord été chargé, pour le Roy, du tombeau du cardinal de Fleuri, ouvrage qui depuis a été fait par M. Le Moyne, aux dépends de la famille. Il en avoit fait deux esquisses fort belles ; il avoit reçu 4,000 livres à compte. Il me pria de faire terminer cette affaire afin qu'elle ne restast pas après lui.

« Il étoit bien simple que les 4,000 livres lui demeurassent, pour les esquisses qu'il avoit faittes. J'en écrivis à M. de Marigny, qui en demeura d'accord, mais il pensoit qu'en conséquence M. Bouchardon nous remettroit les esquisses, pour le Roy.

« Je fus voir M. Bouchardon ; il ne fut point du tout de cet avis, et me dit qu'il ne les donneroit pas pour dix mille francs. Ce marché n'auroit pas été avantageux pour le Roy. Comment faire ? Bouchardon n'entendoit pas que rien contrariast ses idées ; on ne l'y avoit point accoutumé. Il falloit donc que les 4,000 francs lui fussent laissés, sans que le Roy eût rien. Heureusement, M. de Marigny n'aimoit point à traiter les artistes à la rigueur ; il faisoit tout le cas de M. Bouchardon que méritoient ses talens ; il consentit à tout, plutost que de fâcher M. Bouchardon, qui s'en seroit plaint comme de la plus cruelle injustice, et qui n'auroit pas manqué de gens qui l'auroient cru sans autre examen[3]. »

de peinture et sculpture ordonnés par le duc d'Antin, Orry et Le Normand de Tournehem : Quatre modèles, *dont deux plus étudiés*. Et comme il devoit avoir l'exécution de celui approuvé... » (Archives nationales, O[1] 1932.)

[1] Archives nationales, O[1] 1933.

[2] Le total des payements indiqués par les Comptes des Bâtiments s'élève à 5,500 livres, mais une note rédigée lors du règlement de ce compte explique que les 1,500 livres de trop furent affectées au payement d'une année et demie de sa pension, pour 1757 et moitié de 1758, le tout réglé par une ordonnance du 10 décembre 1760, sur l'exercice de 1756, délivrée seulement au mois de juin 1762. (O[1] 1931, minute.)

[3] *Mémoires inédits de C.-N. Cochin sur le comte de Caylus, Bouchardon, les Slodtz*, p. 95-96.

III

POURQUOI BOUCHARDON N'A PAS EXÉCUTÉ LE MAUSOLÉE DU CARDINAL.

Bouchardon fut obligé d'abandonner l'exécution du mausolée, parce que le Roi lui-même y avait renoncé. La famille du cardinal reprit le projet et confia le travail à Lemoyne. C'est tout ce que nous apprennent les contemporains; quant aux motifs qui amenèrent un revirement si singulier, Mariette, Cochin, Dandré-Bardon, dans sa biographie de Lemoyne[1], tous enfin, Caylus lui-même, observent un silence prudent. La seule explication que nous ayons trouvée nous est fournie par Caylus, et véritablement elle n'explique rien : « Cet ouvrage n'a point été exécuté, dit-il; des obstacles généraux s'y opposèrent[2]. »

Ce projet de monument avait fait trop de bruit, et le nom du Roi s'y trouvait trop directement associé pour que son abandon ne fût pas motivé par de graves raisons, ou bien encore par une puissante intervention. Un concours établi entre les principaux sculpteurs, l'exposition de leurs projets au Salon de 1743, la lutte ardente entre les concurrents, avaient agité fortement l'opinion dans le monde des arts. L'initiative du Roi n'avait pas moins attiré sur ce point les regards de toute la Cour. Enfin, l'exposition, en 1745, du modèle définitivement adopté, et l'annonce faite au public que le monument était déjà en cours d'exécution, avaient maintenu en éveil jusqu'au dernier moment l'attention générale.

Assurément, quand on apprit que le Roi venait d'abandonner un projet si publiquement affirmé, chacun voulut connaître la cause d'un changement aussi imprévu, et nous croyons qu'on n'eut pas de peine à la découvrir. Seulement, ce que tout le monde savait personne n'aurait osé le dire tout haut, encore moins l'écrire; l'explication que nous allons donner résoudra peut-être l'énigme du silence observé par les biographes de Bouchardon et de Jean-Baptiste Lemoyne.

[1] *Vie ou Éloge historique de Jean-Baptiste Le Moyne*, par M. Dandré-Bardon, recteur. Paris, 1779, in-12.

[2] *Vie d'Edme Bouchardon*, p. 56.

Dans un mémoire que nous avons déjà cité, mémoire rédigé par Bouchardon pour obtenir le règlement définitif de ses travaux [1], nous lisons que « le tombeau de Monseigneur le cardinal de Fleury a été ordonné par M. Orry, directeur général des Bâtimens du Roy, » et que « depuis la mort de M. Orry cet ouvrage est demeuré en suspens ». Ainsi l'exécution aux frais du Roi du mausolée du cardinal a été arrêtée le jour où celui qui l'avait ordonnée ne s'est plus trouvé là pour en assurer l'achèvement. Coïncidence singulière, dira-t-on, mais qui peut s'expliquer si l'on y regarde de près.

Orry avait rempli les fonctions de contrôleur général des finances sous le ministère du cardinal de Fleury, et secondé puissamment le premier ministre dans la gestion économe des deniers publics. On comprend dès lors qu'il ait soutenu chaleureusement, peut-être même suggéré à l'indolent Louis XV l'idée d'élever aux frais du trésor royal un monument au ministre dont il avait si entièrement partagé les vues. Par sa fonction de directeur général des bâtiments, Orry se trouvait naturellement désigné pour en diriger l'exécution.

Nous sommes en outre portés à croire qu'Orry devait s'intéresser particulièrement à la fortune de Bouchardon. Le directeur général des bâtiments n'était pas seulement originaire de la même province [2]; il y avait conservé des attaches sérieuses. Sans compter son château de la Chapelle-Godefroy [3], près de Nogent-sur-Seine, où il aimait à séjourner [4], Orry avait d'autres propriétés en Champagne, entre autres le comté de Vignory [5], à quelques lieues de Chaumont, pays natal de Bouchardon.

Enfin, le mémoire fantaisiste que Bouchardon avait pris la liberté de lui adresser semble bien démontrer qu'il existait entre ces deux hommes, malgré la grande disproportion de leurs conditions sociales, des rapports intimes, presque familiers.

[1] Archives nationales, O[1] 1925[a].

[2] Orry est né à Troyes, le 22 janvier 1689

[3] Commune de Saint-Aubin (Aube).

[4] Il l'avait embelli, de 1731 à 1740, des peintures de Natoire, ami de Bouchardon. (Albert Babeau, *le Château de la Chapelle-Godefroy, Mémoires de la Société académique de l'Aube*, 1876.)

[5] Lachenaye-Desbois, *Dictionnaire de la noblesse*, 3e édit., t. XV, col. 261. — Vignory, chef-lieu de canton, arrondissement de Chaumont (Haute-Marne).

Malheureusement Orry avait encouru l'inimitié de Mme d'Étioles (devenue ensuite marquise de Pompadour), en l'éconduisant avec sa rudesse habituelle, quand elle était venue lui demander une ferme générale pour son mari. Ce fut la cause de sa disgrâce. Mme d'Étioles, dès qu'elle fut déclarée maîtresse du Roi, lui fit enlever le contrôle des finances et la direction des bâtiments (6 décembre 1745). Cette dernière charge fut donnée quelques jours plus tard (19 décembre) à Le Normand de Tournehem, l'ancien protecteur de Mlle Poisson, devenu l'oncle de Mme d'Étioles et, par un renversement des rôles, le protégé de Mme de Pompadour.

C'est là, croyons-nous, qu'il faut chercher la cause principale de l'abandon du projet de mausolée. Si l'on ajoute à l'hostilité de Mme de Pompadour envers Orry, son indifférence bien naturelle pour la mémoire du cardinal, disparu de la scène avant même qu'elle y eût fait son entrée; les préoccupations causées par la guerre de la succession d'Autriche, si malheureusement engagée par le défunt ministre; la mort d'Orry lui-même, survenue peu de temps après sa chute (9 novembre 1747); enfin, cette considération que Bouchardon, privé de l'exécution du mausolée, restait quand même chargé d'un travail pour le compte du Roi, la statue de l'*Amour*, commandée antérieurement par Orry, on trouvera moins étrange ce dénouement imprévu.

IV

LE MONUMENT DE BOUCHARDON COMPARÉ A CELUI DE LEMOYNE. SINGULIERS RAPPROCHEMENTS.

Le mausolée sculpté par Lemoyne ne fut pas exécuté d'après le modèle que cet artiste avait exposé au Salon de 1743. On semble l'avoir ignoré jusqu'à présent[1].

Le modèle de 1743 était ainsi décrit, dans le livret du Salon :

« *Le cardinal* est représenté en prières. *Le Temps* lève le voile qui cachoit l'inscription et y montre les attentions de Sa Majesté pour ce ministre. *La Fidélité* au Roy le pleure, et des *Génies* soutiennent ses armes.

[1] Voir *Réunion des Sociétés des Beaux-Arts des départements*, 1882, p. 131.

« Les figures sont de marbre blanc, excepté celle du Temps, dont la couleur de bronze représente la vieillesse. »

Quant au modèle qui fut réellement exécuté, nous ne pouvons pas en parler d'après le monument lui-même, qui semble avoir été détruit, mais on en trouve une gravure dans la sixième édition (1778) du *Voyage pittoresque de Paris*, par Dezallier d'Argenville[1]; elle révèle un tout autre monument, d'une analogie frappante avec le dernier projet de Bouchardon.

On y voit le cardinal, également expirant, mais couché sur le côté, au lieu d'être renversé. A son chevet se trouve aussi la Religion qui le soutient, mais elle est debout, et cette attitude lui est rendue possible parce que le sculpteur l'a placée sur un plan moins élevé que celui du tombeau. Dans le projet de Bouchardon, elle est agenouillée, parce qu'elle se trouve sur le même plan que le cardinal.

Aux pieds du mourant est une figure qui ne se trouvait pas dans le modèle de Bouchardon : c'est l'Espérance. Elle est à genoux et montre une inscription gravée sur une pyramide qui garnit le fond de l'arcade; mais on voit du même côté, au premier plan, la France désolée, sous la forme d'une femme qui est debout et se voile la face de la main droite. Bouchardon avait exprimé la même idée sous l'aspect d'un génie qui répand des larmes aux pieds d'une colonne funéraire.

Notons, en passant, d'après Caylus, que Bouchardon avait représenté le génie de la France sous les traits d'un « beau jeune homme, traité dans le style grec »[2]; nous eussions préféré un enfant, comme celui qu'on voit dans son premier modèle.

Enfin, il n'est pas jusqu'à l'urne destinée à renfermer les cendres du cardinal qui ne se retrouve dans les deux compositions, avec cette seule différence que Lemoyne l'a mise au sommet d'une pyramide, tandis que Bouchardon l'avait employée comme couronnement d'une colonne funéraire. D'ailleurs, dans les deux monuments, la colonne et la pyramide avaient la même destination : elles servaient à garnir le fond de l'arcade destinée à recevoir le tombeau.

[1] Page 123, planche III.

[2] *Vie d'Edme Bouchardon*, p. 74-75.

EDME BOUCHARDON

MAUSOLÉE DU CARDINAL DE FLEURY (2e PROJET)

(1745)

Maquette en cire blanche. — Moitié d'original

Ainsi, Lemoyne s'est inspiré trop clairement de Bouchardon pour qu'il soit possible de le méconnaître; il avait, du reste, pu voir le dernier projet de son heureux concurrent au Salon de 1745.

On observera, d'autre part, que le mausolée fut exécuté après la mort de Bouchardon, ce qui permit à Lemoyne de s'approprier les idées de son ancien émule [1].

[1] Note sur le monument de Lemoyne et l'époque de son exécution : Lemoyne écrivait à M. de Marigny, le 3 mars 1765 : « La disgrâce de la mauvaise qualité des marbres pour le tombeau de feu M. le cardinal de Fleury me cause de grandes dépenses. J'ay trouvé, j'espère, un bloc de marbre, à force d'argent, ce qui me met à l'emprunt pour vivre. » M. de Marigny a mis en marge : « Est-ce moy qui en suis cause? » (Archives nationales, O[1] 1908.) — On sait que Bouchardon est mort en 1762.

Ce tombeau n'aurait été terminé qu'en 1768. (*Réunion des Sociétés des Beaux-Arts des départements,* 1882, p. 132, communication de M. Le Breton sur J.-B. Lemoyne.) Lenoir l'avait recueilli dans son Musée (L. COURAJOD, *Alexandre Lenoir, son journal,* etc., t. I, p. 62, n°s 406 et 408); il l'indique sous le n° 336 dans les éditions de son catalogue publiées de l'an V à l'an VIII, et déclare que ce monument « est resté à son ébauche ». Les éditions suivantes n'en parlent plus, et à partir de 1806 le n° 336 est consacré à un bas-relief de Michallon. (Communication de M. COURAJOD.)

PARIS. TYPOGRAPHIE DE E. PLON, NOURRIT ET Cie, RUE GARANCIÈRE, 8.

PARIS

TYPOGRAPHIE DE E. PLON, NOURRIT ET Cie,

Rue Garancière, 8.

www.ingramcontent.com/pod-product-compliance
Ingram Content Group UK Ltd.
Pitfield, Milton Keynes, MK11 3LW, UK
UKHW012127240726
13965UKWH00005B/2019

9 782013 059626